AF312479

COLLECTION

DE FEU

Monsieur le Comte DE HOUDETOT

DÉPUTÉ, ANCIEN PAIR DE FRANCE.

Me SEIGNEUR,
C^{re}-Priseur.

FERDINAND LANEUVILLE,
Expert.

CATALOGUE

DE LA DEUXIÈME PARTIE

DE LA COLLECTION

DE

TABLEAUX

ANCIENS

DES

ÉCOLES ITALIENNE, ESPAGNOLE, FLAMANDE ET FRANÇAISE

COMPOSANT LA GALERIE

DE

FEU M. LE COMTE DE HOUDETOT,

DÉPUTÉ, ANCIEN PAIR DE FRANCE,

DONT LA VENTE AURA LIEU

Par suite de son décès,

HOTEL DES VENTES, RUE DROUOT

SALLE 5

Les Lundi 19 et Mardi 20 Décembre 1859,

A UNE HEURE,

Par le ministère de Me **SEIGNEUR,** Commissaire-Priseur,
rue Favart, 6,

Assisté de M. FERDINAND **LANEUVILLE,** Expert,
rue Neuve-des-Mathurins, 73,

CHEZ LESQUELS SE DISTRIBUE LE CATALOGUE.

———— ·>•<· ————

EXPOSITION PUBLIQUE

Le Dimanche 18 décembre 1859.

De midi à cinq heures.

1859

CONDITIONS DE LA VENTE.

Elle sera faite au comptant.

Les acquéreurs paieront , en sus des adjudications, cinq pour cent applicables aux frais de vente.

————————

DÉSIGNATION

DES

TABLEAUX

ALBANE.

1 — La Sainte Vierge lisant.

A. S.

2 — Tempête.

AUBRY.

3 — Petite Paysanne ; son col est entouré d'un
rang de corail auquel est suspendue une
croix.

B. A.

4 — Fruits posés à terre.

BALEN (Van).

5 — Diane surprise par Actéon.

BAUT ET BAUDWINS.

6 — Forêt marécageuse ; un grand nombre de figures animent cette composition.

BERGHEM (Genre de).

7 — Pâtres conduisant un troupeau de vaches et de chèvres.

BLOEMEN, DIT **ORRIZONTI.**

8 — Paysage : Tobie et l'Ange.

DU MÊME.

9 — Pendant du précédent.

DU MÊME.

10 — Paysage avec figures. D'une montagne boisée, couverte de fabriques, s'échappe un torrent qui vient se perdre en cascade sur le premier plan.

BONIFAZIO,

11 — Sujet mythologique.

BOUHOT.

12 — Vue prise aux environs de Paris. Effet de neige.

BOURGUIGNON.

13 — Bataille.

BRANDT.

14 — Paysage : effet de neige.

CANALETTI.

15 — Vue de Venise.

CARRACHE (École).

16 — Amphitrite.

CARRÉ (Michel).

17 — Passage d'un gué.

CASANOVA.

18 — Un seigneur espagnol à cheval suivi d'autres cavaliers.

DU MÊME.

19 — Une Dame de qualité à cheval (pendant du précédent).

CERQUOZZI (M.).

20 — Du Raisin, des Poires, des Pêches, des Prunes, des Figues, posés à terre.

DU MÊME.

21 — Des Melons, des Figues, des Abricots et des Prunes.

DU MÊME.

22 — Fruits divers.

CH. (1606.)

23 — Baptême de Jésus-Christ.

CHARDIN.

24 — Un Artiste dessinant d'après une académie.

CHARDIN (Attribué à).

25 — Brioche et Prunes.

DU MÊME.

26 — Une jeune Dame, dans un élégant costume :

pelisse rose garnie de fourrures, robe de satin blanc, les bras ornés de perles, est assise devant une table chargée de son déjeuner; elle caresse un petit chien.

L'artiste s'est représenté debout, une palette à la main.

CIGNANI (C).

27 — Une Sainte tenant des fleurs.

COQUES (G).

28 — Portrait d'homme : cheveux courts, barbe blanche et large collerette.

COURTOIS.

29 — Paysage; sur le premier plan, une cascade.

CRESPI (Maria).

30 — L'Entrevue de saint Charles Borromée, de saint Philippe de Néri et de saint Félix de Cantalice, capucin.

CRAYER (G. de).

31 — Tête de Moine.

DALTON (E.), Élève de Bonnington.

32 — Vue de l'Église d'un village aux environs de Paris.

DU MÊME,

33 — Paysage baigné par une riviére.

DAVID (Attribué à).

34 — Deux Paysans. (Étude).

DEHEEM (attribué à)

35 — Raisins et Citrons.

DEHEEM (Genre de).

36 — Un Verre, un Couteau et un Plat d'argent chargé de Citrons.

DEMARNE.

37 — Vaches au Pâturage ; un jeune garçon joue avec une chèvre.

DU MÊME.

38 — Pâtre et son Troupeau.

DEMARNE (D'après),

39 — Le Naufrage.

DEVRIES.

40 — Plusieurs Paysans, dont l'un est monté sur un cheval, passent sur un chemin bordé de chaque côté par un canal ; celui de droite est traversé par un pont qui conduit à une ferme.

DYCK (Ecole de V.).

41 — Un petit Garçon monté sur un cheval de bois.

DYCK (Ecole de V.),

42 — Portrait d'Homme.

FALCONE (Aniello).

43 — Bataille.

FALENS (Van).

44 — Un Homme, tenant son cheval par la bride,
cause avec des femmes qui lavent du linge.

F. C. (1827.)

45 — Chevaux au Pâturage.

FERRATO (Sasso).

46 — La Sainte Vierge, les mains jointes.

FRAGONARD. (J. H.)

47 — La Folie. (Gravé.)

FYT,

48 — Gibiers et Accessoires de Chasse posés sur une
table.

DU MÊME.

49 — Nature morte.

GASSIES.

50 — Intérieur d'une Église de village.

DU MÊME.

51 — Vue prise des côtes de France.

DU MÊME.

52 — Escalier conduisant à une Église.

DU MÊME.

53 — Vue du Rocher de Shakspeare.

DU MÊME.

54 — Vue des Côtes de Dieppe. Soleil levant.

DU MÊME.

55 — Même vue. Soleil couchant.

DU MÊME.

56 — Marine. Soleil levant.

DU MÊME.

57 — Pendant du précédent.

GELÉE (C.). Signé.

58 — Entrée d'un Port.

GÉRICAULT.

59 — Mazeppa.

DU MÊME.

60 — Étude d'après un jeune Homme endormi.

DU MÊME.

61 — Tête de Loup.

DU MÊME.

62 — Portrait de Femme.

GIORGION.

63 — Un Évêque, sa crosse à la main.

DU MÊME.

64 — Homme portant une toque rouge.

GOYEN (Van).

65 — Vue de Dordrecht.

DU MÊME.

66 — Le Passage du Bac.

GRANET.

67 — Famille italienne.

GREUZE. Signé 1804.

68 — Jeune Fille blonde.

GREUZE (École de).

69 — La Pelotoneuse.

GUARDI.

70 — Vue prise dans les Dunes de Venise.

GUERCHIN.

71 — Saint Jean.

GUIAUD (J.). 1853.

72 — Vue de la Place d'une Ville en Suisse.

HELMONT (Van).

73 — Intérieur flamand.

JANET, DIT CLOUET (École de).

74 — Portrait d'un Seigneur du temps de Henri II.

JORDAENS ET SNEYDERS.

75 — La Vierge et l'Enfant Jésus entourés d'une guirlande de fruits.

JOUVENET.

76 — Réunion de Magistrats.

DU MÊME.

76 (*bis*) — Vue du Maître-Autel d'une Eglise.

LACROIX.

77 — Marine : à gauche, un Fort sur des Rochers ;
dans le fond du tableau, l'Entrée d'un Port.

LANTARA (Attribué à).

78 — Paysage. Effet de Soleil couchant. Un Colpor-
teur traverse un Pont jeté sur un Torrent.

LEBRUN.

79 — La Sainte Vierge assise au pied de la Croix.

LEDOUX (Mlle).

80 — Portrait d'un petit Garçon.

L. H.

81 — Paysage boisé. Effet de Soleil couchant.

LEPICIÉ.

82 — Jeune Cuisinière faisant son Marché.

DU MÊME.

83 — Une vieille Cuisinière.

LEPRINCE (X.).

84 — Ustensiles de Cuisine.

DU MÊME

85 — Village des Environs de Paris.

LEYDEN (Lucas de).

86 — Portrait d'Homme coiffé d'une toque noire ; il
a une barbe blanche et porte un manteau
garni de fourrures.

LOCATELLI.

87 — Paysage baigné par un Lac. Sur le premier
plan des Pêcheurs.

LOUTERBOURG.

88 — Paysans traversant un Gué avec leur Troupeau.

LUTTICHUYS (1661).

89 — Portrait d'un jeune Homme ; il tient ses gants
de la main gauche.

MAAS.

90 — Portrait d'une jeune Femme blonde ; son col
est entouré de perles.

DU MÊME.

91 — Portrait d'Homme ; il a la main gauche sur un
livre et l'autre est soutenue par sa robe de
chambre.

DU MÊME.

92 — Une jeune Personne occupée à coudre est
assise devant une croisée.

MEDARD (Virg.), Élève de Van Dael.

95 — Fleurs dans une Corbeille.

M. I. (1527)

94 — La Sainte Vierge, assise dans un riche Palais,
tient l'Enfant Jésus debout sur ses genoux
et lui présente une pomme.

MIEREVELDT (Michel).

95 — Portrait de Femme. Elle est débout, la main
droite appuyée sur une chaise.

MIEREVELDT.

96 — Portrait d'Adriaan Paauw.

MILÉ (F. Attribué à).

97 — Paysage. Sur le devant, une rivière ; dans le
fond des montagnes.

MOLA (F.).

98 — La Madeleine dans le Désert.

MURILLO (Attribué à).

99 — Portrait d'Homme. Il est vêtu de noir, porte
de longs cheveux et des moustaches.

DU MÊME.

100 — Agar et Ismaël.

DU MÊME.

101 — Un Moine tenant l'Enfant Jésus dans ses bras.

DU MÊME.

102 — Le petit saint Jean couché; près de lui son
Agneau.

MURILLO (attribué à).

103 — Saint François en prières.

MUZIANO.

104 — Saint Jérôme.

N. D.

105 — Femmes Turques dans un Parc.

PATEL.

106 — A gauche, près d'une ruine, un Moulin à eau, une femme conduit un âne chargé de grains ; un homme, un sac sur le dos, passe près d'elle. Dans le fond, des Montagnes dans la vapeur.

DU MÊME.

107 — Chasse au Cerf.

DU MÊME.

108 — Paysage. A droite, plusieurs Palais en ruines.

PILLEMENT.

109 — Vue d'une Forêt. Sur le premier plan, un Etang.

POUSSIN (G.).

110 — Sur le premier plan, des Terrains rocheux couverts de broussailles. A l'horizon, de hautes Montagnes vivement éclairées par le soleil. Leur base est baignée par une rivière.

POUSSIN (N. Genre de).

111 — Adoration des Mages.

POUSSIN (G. Genre de).

112 — Site montagneux.

PRIMATICE (Attribué à).

113 — Petit Portrait de Femme en riche costume de cour.

PRUDHON (D'après).

114 — L'Amour entraînant l'Innocence suivie du Repentir.

QUANTIN (J.). 1840.

115 — Entrée d'un Couvent en Italie. A gauche, des Femmes adorent la croix. A droite, des Mendiants.

RAOUX.

116 — Tête de jeune Fille blonde.

REMBRANDT (D'après).

117 — Un Docteur.

DU MÊME (École).

118 — Portrait d'un jeune Homme portant cuirasse.

RIBERA.

119 — Tête de vieille Femme.

ROBERT (H.).

120 — L'Atelier de l'Artiste. Plusieurs Amateurs examinent des dessins posés sur une table.

ROBERT (H.).

121 — Vue prise en Italie. Dans un bassin au pied
d'un grand escalier, conduisant à un palais,
des Femmes lavent du linge.

DU MÊME.

122 — Les Pierrots musiciens.

DU MÊME.

123 — Les Pierrots peintres.
Ces deux Tableaux proviennent du cabinet
de Natoire, ancien directeur de l'Académie
de Rome.

DU MÊME.

124 — Près d'une source qui s'échappe d'une ruine,
des jeunes filles se livrent au plaisir du bain.

ROMBOUTS.

125 — Paysage. Une Femme, appuyée sur la porte
d'une chaumière, cause avec un homme.

DU MÊME.

126 — Paysage accidenté. Sur le premier plan, un
Homme se repose.

R. P.

127 — Cosaque de la Garde.

DU MÊME.

128 — Cosaque du Don.

ROSLIN.

129 — Portrait d'un Seigneur.

RUBENS (D'après).

130 — Étude de Femme.

RUBENS (École de).

131 — La Sainte Vierge, soutenue par des Anges,
est couronnée par Jésus-Christ et le Père
Eternel.

RUYSDAEL (S.).

132 — Plusieurs Paysans à cheval se dirigent vers
une ville placée près d'une rivière. Effet du
soir.

SABLET.

133 — Femme pinçant de la guitare.

SALVATOR ROSA.

134 — Marine. Effet d'orage.

SCHOAWERT.

135 — Paysage maritime. Sur le premier plan, des
voyageurs sont arrêtés devant une auberge.

SNEYDERS (Attribué à).

136 — Divers Poissons posés sur une table de cuisine.

DU MÊME.

137 — Chasse au Sanglier.

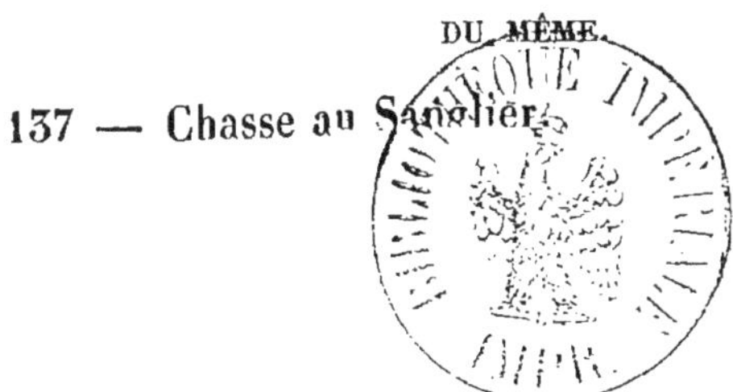

STELLA (J.).

138 — Le Mariage de sainte Catherine.

DU MÊME.

139 — Sainte Famille.

SWANEVELDT (HERMAN).

140 — Paysage montagneux.

DU MÊME.

141 — Paysage. A droite des Paysans se reposent
près d'un torrent. A travers des arbres, on
aperçoit une tour sur des rochers.

TENIERS (Genre de).

142 — Un Homme et une Femme attendent un bate-
lier pour traverser une rivière.

TIEPOLO.

143 — Scène de Mascarade.

TINTORET (1566).

144 — Portrait d'Homme à barbe blanche.

DU MÊME.

145 — Portrait de sa Femme.

DU MÊME.

146 — Jésus-Christ devant ses Juges.

DU MÊME.

147 — Maria Benalba Magena, tenant un enfant par
la main. Provenant de la Malmaison.

TITIEN (Attribué à).

148 — Portrait d'Homme.

TOURNIÈRES.

149 Portrait de La Condamine. Il est debout devant une croisée, la main appuyée sur une sphère.

VALLIN.

150 — Une Dame et son Cavalier se sont arrêtés sur une route pour parler à un paysan.

VELASQUEZ (Attribué à).

151 — Tête de jeune Homme.

DU MÊME.

152 — Tête d'Homme à barbe.

VERNET (J.)

153 — Rochers et Cascades (Etude).

VERNET (J.) (Attribué à).

154 — Clair de lune (Esquisse).

VERNET (J.) (Genre.)

155 — Petite Marine, soleil couchant.

VIEN (1745).

156 — Jacques Saly, sculpteur.

VILLEUSE (DE).

157 — Marine. Sur le premier plan, une Forteresse.

VINCENT (D'après Chardin).

1 58 — L'Ecureuse.

WATTEAU.

159 — Portrait d'un Sculpteur.

WEENIX.

160 — Etude de Chiens et Oiseaux.

WEENIX (Attribué à).

161 — Des Portefaix déchargent des ballots à la porte d'un palais.

WICKENBERG (P. 1839). Signé.

162 — Effet d'hiver. Vue d'un canal de Hollande. Sur le devant, à gauche, un jeune garçon pousse un traîneau chargé d'une petite fille. A droite, près d'une chaumière, des paysans apprêtent un traîneau.

WIT (E. de).

163 — Vue intérieure d'une Eglise protestante.

WOUWERMANS (P.).

164 — Un Seigneur et sa Femme en chasse dans une forêt.

ZURBARAN (Attribué à).

165 — Sainte Marguerite.

ÉCOLE ITALIENNE.

166 — Saint Jean.

ECOLE ITALIENNE.

167 — Portrait du Pape Paul V.

168 — Judith et Holopherne.

169 — Ensevelissement du Christ.

170 — Deux Femmes écrivant.

171 — Saint Paul.

172 — Baptême de Clovis.

173 — Sainte-Famille.

174 — Sainte Madeleine.

175 — Têtes d'études.

176 — Trois Têtes d'Hommes à barbe (Étude).

ÉCOLE VÉNITIENNE.

177 — La Sainte Vierge tenant dans ses bras l'Enfant Jésus. A droite, saint Laurent ; à gauche, un Pape tenant la palme du martyre.

178 — Un Évêque officiant.

179 — Portrait d'Homme. Il tient un bâton à la main.

ECOLE FLAMANDE.

180 — La Vierge et les Anges adorant l'Enfant Jésus.

ÉCOLE ALLEMANDE.

181 — Une sainte Martyre.

182 — Sujet tiré d'une Légende.

ÉCOLE FRANÇAISE.

183 — Portrait d'un Cardinal.

184 — Mademoiselle de Montpensier. — Une note écrite derrière le Tableau indique qu'il a appartenu à Greuze.

185 — Portrait d'un jeune Homme.

186 — Portrait d'un Magistrat en grand costume.

187 — Martyre d'un Saint (Esquisse).

INCONNU.

188 — Homme riant.

INCONNU.

189 — Portrait de Femme de la cour de Henri II.

ÉCOLE MODERNE BELGE.

190 — Intérieur de Cabaret. Une jeune servante marque la dépense sur le mur.

ÉCOLE MODERNE.

191 — Kermesse.

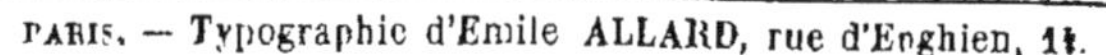

PARIS. — Typographie d'Emile ALLARD, rue d'Enghien, 11.

Paris.—Typ. d'Em. Allard, rue d'Enghien, 14.